Gaston DEVAL

Salon de Pau

1899

CRITIQUE D'ART

1 Fr. 50

PAU

IMPRIMERIE VIGNANCOUR

H. MAURIN, Imprimeur

2, PLACE DU PALAIS

1899

SALON DE PAU

DU MÊME AUTEUR

En préparation :

Un Cœur (Étude psychologique).

L'Idolatrée (Roman).

L'Aïeule (Roman).

Essai de physiologie : L'Amour moderne.

Poèmes tendres (Sonnets).

Les Tristesses (Poésies).

Sous presse :

Un Amour (Étude psychologique).

Gaston DEVAL

Salon de Pau
1899

CRITIQUE D'ART

1 Fr. 50

PAU
IMPRIMERIE VIGNANCOUR
H. MAURIN, Imprimeur
2, PLACE DU PALAIS

1899

PRÉFACE

DEVANT UNE ŒUVRE

L'art est l'idéalisme pur, la géniale conception que l'humain façonne avec son esprit, son élan, sa foi. C'est l'envolement d'une passion saine et forte, c'est l'enfantement heureux — apporté quelquefois par un caprice — matérialisé par une force inconnue et qui, par sa splendeur, nous révèle la vérité ; c'est aussi le rayon de soleil qui pénètre dans le labyrinthe profond de la vie morose et jette une clarté soudaine au sein des ténèbres qui l'entourent.

Que de fois, surpris, nous sommes-nous arrêtés devant une œuvre, que de fois avons-nous passé des nuits entières à relire quelque prose sublime, que de fois, dis-je encore, sommes-nous demeurés en extase, devant un paros sculpté — émus de retrouver, figé dans le marbre froid, le frisson de la vie. Et aussitôt nous n'avons pu nous défendre du charme de la comparaison, en essayant d'harmoniser, en notre esprit, le rêve et la réalité.

La conscience seule nous faisait agir de la sorte, tandis que nous cherchions à pénétrer et sonder l'âme de l'artiste, contenue dans son œuvre elle-même, pour mieux approfondir la vision rendue dont la beauté nous éblouissait. Et pour saisir l'impression personnelle qui caractérise chaque talent, ne devions-nous point nous inspirer des sentiment exaltés par la toile ou l'immortel airain ?

Cette œuvre, étalée devant nous, dans son apothéose éclatante, que de tourmentes, que de désespérances, elle renferme dans les veines de ses détails minuscules, dans les replis effacés de ses ombres ? Ce n'est certes point aussi, sans dépenses intellectuelles et physiques qu'elle s'est dessinée un beau jour, qu'elle a grandi côte à côte avec l'artiste. L'ébauche a germé tout d'abord, pour se développer ensuite, comme une fleur sous les caresses ailées du génie.

En la possession du sujet, le peintre a trouvé dans la nature, en même temps que dans les fantasmagories rieuses de son illusion, la voie qui devait lui faire entrevoir le but jusqu'alors confusément pressenti. Et il n'eut plus qu'à laisser courir sur la toile blanche, ainsi que la plume sur un manuscrit, le pinceau aux touches délicates. De l'amas de couleurs apposées, l'idée première ne tarda pas à se manifester, sortant, puissante, de l'incertitude qui l'enveloppait toute.

Il allait donc disparaître un moment de ton âme sensitive, cet énervement, à la fois volontaire et inconscient, cette appréhension sans nom qui remplissaient toute ta vie, passée à lutter et vouloir vaincre.

Mais à l'heure où le calme succède à l'activité, à l'heure où le fruit épanoui de ton savoir, s'étale, merveilleux, autour de nous, une voix monte dans le silence d'admiration qui règne alentour de ton nom. Elle est chantante et douce comme une clochette de mai, ou sombre et cinglante comme le vent du nord, cette voix dont le timbre résonne à tes oreilles. Elle est le cri spontané d'un cœur fervent.

Ne crois-tu pas, artiste, lorsque ton nom figure au bas de ton œuvre, que ta force est toute renfermée dans ta production ? Ne dois-tu pas trouver logique, puisque tu imposes tes idées à la foule, que cette même foule ait le droit de critiquer, suivant son mérite, la chose exposée devant elle et pour elle ?

Mais est-ce là, la fin de la poursuite insensée, est-ce là que doit s'arrêter la recherche acharnée du sublime et doit on se figurer — bercé par de sympathiques encouragements — que la route sur laquelle on s'est aventuré est la vraie, puisque le triomphe a daigné consentir à saluer d'un sourire, la reproduction parfaite ? Et ces clameurs, ces jugements individuels — oh ! inconnu aujourd'hui, célèbre demain — qu'apportent-ils dans ton âme de simple, dans ton existence inquiète ?

... Février 1899.   Gaston DEVAL.

I

Avant de commencer la critique du Salon prochain, il est de notre devoir, de consacrer quelques lignes à la *Société des Amis des Arts de Pau,* dont le concours, au point de vue artistique, est sans précédent.

La *Société des Amis des Arts* fut définitivement fondée le 29 avril 1863 par M. Charles Le Cœur, alors conseiller municipal de notre ville, sous la présidence d'honneur de M. Guillaume d'Auribeau, préfet des Basses-Pyrénées. La première exposition eut lieu le 15 mars 1864. Est-ce à dire que cette décentralisation nouvelle, obtint un légitime succès ? Les goûts artistiques ne tardèrent pas à se développer, sous son influence, d'une façon heureuse. Il suffit pour bien s'en convaincre, de consulter la remarquable et intéressante notice « *Les institutions artistiques de la ville de Pau* » (1) publiée en 1880 par M. Ch. Le Cœur. Quelles phrases, pourrait-on trouver, pour dépeindre la marche, d'abord hésitante mais triomphale ensuite, de cette Société dont le programme était une envolée vers le Beau ?

Ce n'est point sans luttes cependant, que la Société, sous la présidence, à la fois énergique et simple de M. Ch. Le Cœur, parvint a s'imposer et prendre corps — au point de

(1) Ribaut, éditeur.

grouper, dans une même espérance les per-
sonnalités intellectuelles marquantes, deve-
nues nos hôtes et nos compatriotes — parvint
dis-je, à ancrer, si l'on peut s'exprimer ainsi,
le goût du sublime dans le cerveau de cha-
cun. L'Idée que lançaient le principal fonda-
teur et ses amis dévoués pour une cause
qu'ils caressaient en secret eux aussi, depuis
longtemps déjà, devait trouver un écho
sympathique auprès du public, avide de lumière, avide de connaître.

C'est ainsi que la Société des Amis des Arts,
dont l'importance est considérable, accueillie
avec un empressement digne d'éloges, sut
grandir et s'étendre, admirée de tous et par
tous.

L'heure est venue de consacrer ici, quelques lignes seulement, hélas, à la mémoire
d'un généreux béarnais, — nous avons
nommé M. Noulibos — dont la donation est,
en quelque sorte, l'âme tout entière de la si-
tuation actuelle, si brillante, de la Société des
Amis des Arts. A ses nobles qualités d'esprit
et de cœur, se mêlaient un élan psychique,
une élévation surnaturelle, une préoccupation
constante de l'Absolu.

Grâce à cette générosité désintéressée, la
Ville de Pau dispose, chaque année, en faveur
de son Musée, d'un crédit de plusieurs milliers
de francs qui lui permet d'enrichir, dans une
notable proportion, sa collection d'œuvres
qui s'augmente sans cesse ; de plus encore,
ces achats, que dirige et qu'a dirigé toujours
avec un zèle consciencieux, remarquable vrai-
ment par sa logique, la commission muni-
cipale, nommée tous les ans par le Maire de
notre ville, semblent contribuer d'une façon

irréfutable au développement subit de la
Société des Amis des Arts.

Comment s'organisa le Musée actuel ? Il
m'a été conté très spirituellement que M.
Ch. Le Cœur qui, on le sait, était venu réta-
blir sa santé chancelante sous notre ciel hos-
pitalier trouva, par hasard, de vieilles toiles
poussiéreuses et trouées dans les greniers de
la Mairie.

Les ayant groupées, il les confia à quelques artistes de bonne volonté qui les ren-
toilèrent et les apposèrent aussitôt sur les
murs d'une salle du Vieux-Palais. Ce fut là
l'origine du Musée.

C'est à l'initiateur M. Ch. Le Cœur, que
fut confié le poste délicat et recherché de
conservateur, dont il s'occupa durant de
longues années.

Grâce au concours de cet esprit droit, éclai-
ré, de ce convaincu qui, en dehors de ses occu-
pations personnelles, sacrifiait la meilleure
partie d'un temps précieux, la Société des
Amis des Arts entendit vite tinter son heure
de célébrité. En quelques années, elle prit
un tel essor que les bâtiments, où provi-
soirement on l'avait installée, ne furent plus
assez vastes. C'est alors qu'on transféra le
Musée à l'ancien asile, où il est actuellement.

L'ébauche à peine esquissée par M. Ch. Le
Cœur, est aujourd'hui complètement tracée.

Que de progrès accomplis, et quel beau
livre on écrirait pour suivre, dans ses étapes
successives, cette manifestation sans cesse
grandissante.

La Société des Amis des Arts, dont le
distingué président est M. Emile Ginot, est
une des principales sociétés artistiques de

France. On peut affirmer, sans craindre de se tromper, que c'est, à sa seule initiative, qu'est due l'éclosion spontanée de talents béarnais, qui ont été ses plus retentissants succès. A Paris, où elle n'a que des amis et des admirateurs, elle jouit d'une réputation universelle. Que de services elle a rendu, que de progrès elle a fait accomplir !

Les successeurs dévoués de M. Ch. Le Cœur, ne pouvaient pas être mieux choisis pour répercuter les traditions de l'homme de bien qui fut, au temps déjà lointain, à leur tête. La confiance, par leurs jugements, qu'ils inspirent aux artistes qui envoient leur œuvre bâtie à grand coups fiévreux, permet d'adresser à leur dévouement, le plus digne des éloges. Chaque année apporte à leur espoir une nouvelle preuve, une nouvelle satisfaction.

Le Musée grandit, devient un temple que hante la Gloire.

Cette année promet, au point de vue artistique, de dépasser encore si c'est possible, le succès des précédentes réunions. A l'exemple du Salon de Paris, nous aurons une exposition d'Arts décoratifs, de miniatures. L'innovation est due à M. Emile Ginot.

Qu'il permette à notre humble et faible voix de s'élever pour le remercier, au nom de ceux dont les efforts certains, ne parviennent point à dominer la tourmente confuse de leur âme, et qui demeurent éblouis en face des chefs-d'œuvres qu'ils rêvaient et ne pouvaient traduire...

II

Cet après-midi a eu lieu, dans les galeries du Musée, fort coquettement décorées, la séance du vernissage de l'Exposition de la Société des Amis des Arts.

Une assistance nombreuse et des plus élégantes a défilé devant les œuvres dont l'ensemble a laissé au public la meilleure impression. Avec un réel plaisir, nous avons constaté, une fois de plus, que le succès a couronné les efforts des membres dévoués qui dirigent de leur talent et de leur personne, la marche progressive de la Société des Amis des Arts. La solennité de cette fête, purement artistique, rejaillira sans nul doute avec éclat sur le passé grandiose de l'œuvre entreprise par les distingués organisateurs.

L'attraction principale de cette première journée de visite, a été le tableau exposé par le maître Eugène Carrière : *Mère et Enfant,* n° 50. — Exécutée selon la facture si personnelle de l'artiste distingué, cette toile dont la grisaille de coloration atteint à la perfection du genre, dégage une émotion qui est trop souvent absente de la peinture contemporaine.

On s'est beaucoup arrêté devant le bas-relief du jeune Théodore Lannes : *Le Phitosophe et la Vie,* n° 376. La conception hautement symbolique de cette œuvre, l'expression décisive des figures, nous présagent, pour notre compatriote, un brillant avenir qui déjà, si souvent, lui a été prédit avec justice.

Les regards se sont aussi portés vers *Portrait de ma fille,* n° 61, de Léon Comerre. La grâce délicate et aimable, la fraîcheur de coloris, la simplicité de ligne qui sont les qualités primordiales de ce tableau, lui ont valu un succès bien mérité.

A noter, en passant, *Persée combattant le Dragon*, n° 74, de Dupuy, et *La Cascade du Gros-Hêtre*, n° 138, d'Alexandre Nozal.

L'Exposition d'art décoratif et de miniatures, a été visitée aussi avec le plus grand intérêt. Il y a certaines poteries, par exemple, qui sont de vrais bijoux et de vrais chefs-d'œuvres.

Nous ne nous étendrons plus longuement aujourd'hui sur la valeur et la diversité des œuvres qui ont défilé sous nos yeux charmés et nous terminerons notre court compte-rendu en félicitant la Société des Amis des Arts de son triomphe si bien mérité.

III

La diversité des œuvres exposées cette année au Salon de la Société des Amis des Arts rend, si l'on peut s'exprimer ainsi, l'étude plus facile, tout en permettant de l'approfondir davantage. On discerne mieux ainsi les nombreuses écoles qui sont le caractère du talent contesté et incontesté de chaque maître, de chaque artiste.

Pour dire vrai, nous espérions au point de vue d'ensemble, que les envois et le choix de tableaux — nous exceptons de notre restriction les expositions relatives à la miniature et à l'art décoratif — seraient à la fois plus nombreux et de plus bel effet.

La peinture n'a guère donné ce qu'on était en droit d'attendre et d'exiger d'elle. Cependant, il serait excessif de notre part, de prétendre ici que l'Exposition a été pour nous une déception. Nous avons simplement constaté que peu d'œuvres de peinture, véritablement remarquables, tapissaient les murs du Musée.

Ceci dit, suivant l'ordre des salles et l'importance des tableaux, nous commencerons d'abord par la peinture, pour terminer ensuite par l'art décoratif et la miniature.

N° 138. — *La Cascade du Gros Hêtre*, d'Alexandre Nozal. — Très riche de couleurs, ce tableau représente la Cascade — la plus belle des Pyrénées, — qui fait l'admiration des touristes et des baigneurs durant la saison d'été. Son imposante justesse en fait le charme. Nous en aimons les tons vifs, les nuances variées qui sont l'exacte réflexion de la vérité. Nous y retrouvons encore, finement observés et étudiés, les tonalités merveilleuses des essences qu'on ne rencontre que dans les coins boisés des montagnes. Bien venue aussi la décomposition de l'eau sous les jeux multicolores de la lumière. Beau tableau d'un maître personnel et renommé, que nous admirons dans toutes ses formes.

N° 132. — *Fleurs*, de Jules Marianne. — Bouquetier d'un vert sombre renfermant des chrysanthèmes. La grâce mélancolique de ces fleurs blêmes, éternelles évocatrices des deuils, des chagrins, est bien rendue ; elles sont aussi très artistiquement groupées devant une tapisserie; nous trouvons au tableau beaucoup de caractère dans sa simplicité.

N° 18. — *Vieux Bouquins*, de Baye, Pierre

Alphonse. — L'ouvrage ne nous plaisant point, nous nous dispensons de l'analyser.

N° 40. — *Le Soir* (Alger), de Bridgmann, Frédéric-Arthur. — Orientale couchée, dans une pose nonchalante, sur un sofa aux couleurs bigarrées. Joli mouvement de tête. Physionomie d'une expression caractéristique, avec un luxe inouï de détail. Beau tableau si une vue d'Alger, qu'on aperçoit entre deux larges fenêtres, ne gâtait pas complètement la scène d'intérieur.

N° 154. — *Bretonnes* (Concarneau), de Ravanne, Gustave. — Trois bretonnes, femmes de marins, aux coiffes et sarraux légendaires causent sur la jetée. Dans le fond de la baie, on aperçoit des bateaux de pêche. Nous trouvons l'œuvre assez insignifiante.

N° 80. — *Village d'El-Kantara*, de Girardet Eugène. — Tableau qui représente une scène tout à fait indigène. Un marchand et son baudet chargé, se trouvent au milieu de la route. Joli effet de ciel bleu intense avec la couleur paille des maisons. Etude claire et sérieuse qui mérite d'attirer l'attention.

N° 91. — *Nature Morte*, de Hodebert Léon Auguste. Plusieurs fruits et carafon, posés sur une table. Etonnant de naturel. Brioches et oranges sont tout simplement exquises.

N° 182. — *La Couche du Platin à Royan*, de Tauzin, Louis. Femme assise sur des rochers, tournée vers la mer d'un vert foncé. Jour automnal donnant au paysage un cachet mélancoliquement doux. Petite œuvre, remarquable de sincérité.

Nº 14. — *L'arrivée de la vachère* (Normandie), de Barrillot, Léon. Trés observée la pose des animaux ; bien exactes aussi les couleurs brunes et blanches de leurs robes. Dessin très fin, pris sur le vif. La vachère est montée à califourchon sur un maître Aliboron. Excellente œuvre.

Nº 74. — *Persée combattant le Dragon* par Dupuy, Paul Michel. Œuvre vaste et d'une grande envolée ; les effets de lumière sont ménagés avec une rare habileté, qualité dominante du jeune maître. Les éléments les plus divers empruntés au Vrai par la science et l'imagination, y sont employés à charmer nos yeux. Nous aurions cependant préféré des scènes moins mythologiques, après certains envois du dernier Salon traitant d'analogues sujets. Nous souhaitons à notre compatriote de continuer cette année, la série de ses brillants succès au Salon de Paris.

Nº 48. — *Carmen* de Louis Capdevielle. — Une provocante et ravissante Carmen aux prunelles expressives, aux cheveux d'un noir d'ébène. Gracieux, le contour des hanches qui se dessinent à l'extérieur de la robe en dentelles blanches, rayée de bandelettes jaunes. Lèvres sensuelles, laissant dans un sourire, apparaître l'émail pur des petites dents. Etonnantes de fraîcheur et de vie, les roses piquées dans la mante qui couvre ses épaules.
L'œuvre nous plaît beaucoup.

Nº 29. — *La route de Bourg la Reine,* de Biessy (Gabriel). — Chevaux attelés, arrêtés sur une route. Joli effet de nuit. Ciel d'un bleu profond, légèrement teinté de vert, où quelques étoiles hasardent de timides lueurs. Dans l'ombre, d'où se dégage un groupe de maisons aux fenêtres éclairées, se déroule la route, comme un ruban sans fin.

Nᵉ 167. — *Tête de femme,* de Sabatté (J.-G.-Fernand). Etude expressive.

Nº 60. — *Le Camembert,* de Coignet (Marie Mlle). — Camembert renfermé dans une cloche en verre. Très belle étude. Nous admirons aussi *Fruits,* nº 58, du même auteur.

Nº 149. — *Automne,* de Prévot, Valéri-Auguste. — Coin de campagne à l'automne. Plusieurs moutons conduits par un berger débouchent d'un sentier. Les fines anatomies des branches extrêmes des arbres dépouillés se détachent clairement sur le ciel. Beau tableau, rempli de poésie.

Nº 95. — *L'Eté,* de Jamin (Paul-Joseph). — Femme rousse en toilette très suggestive, aux traits fatigués. Un sourire crispé, erre sur ses lèvres. Œuvre plutôt faible que forte.

Nº 201. — *Vieux Canal,* à Bruges, de Villaert, Ferdinand. — Pur impressionnisme. Ce tableau gagne à être vu de loin, mais n'a pas d'âme.

Nº 44. — *Printemps,* étude, de Burggraff (Gaston Frédéric). — Une floraison de feuilles, mais quel gâchis de couleurs !

Nº 203. — *Après les Courses,* de Wostry,

Carlos. — Belles demi-mondaines discutant autour d'un guéridon. Etude aux touches fines et délicates.

N° 45. — *Eté,* de Burggraff (Gaston-Frédéric). — Beaucoup d'idée.

N° 34. — *Roses et Iris,* de Paul Biva. — Fraîches roses et iris réunis dans un vase d'un bleu noir. Tons recherchés et facture réellement artistique.

N° 195. — *Anniversaire* (souvenir de Champigny), de Van de Velde (Louis). — Pensée profondément douloureuse. Un enfant est représenté, assis au bord du chemin, jouant avec des fleurs tricolores. Dans le fond du tableau on remarque le mausolée érigé à la mémoire de nos vaillants soldats tombés en cette très glorieuse journée. Nous trouvons que ce tableau n'est pas assez poignant et ne rend pas, sans doute, assez clairement l'idée de l'artiste.

N° 99. — *La gardeuse d'oies,* de Jolyet, Philippe. — Scène pittoresque et très fraîche à l'œil. Nous aurions préféré un sujet moins rustique.

N° 147. — *Les bords de la Laïta* (Finistère), de Prell, Walter. — Paysage clair. Eau d'un vert glauque qui va bleuissant sur les bords. Très beau tableau.

N° 197. — *Etude de vieille,* de Vérité, Lucien. — Puissante étude de vieille qui reprise des bas. Traits étudiés. Observation juste ; mouvement et pose savants ; expression caractéristique. Œuvre très bien rendue.

Nº 79. — *Enfants jouant à l'entrée d'un jardin*, de Mlle Garay, Marie. Naïve scène de gamins turbulents, qui se poursuivent. Etude de physionomie et de gestes. Il est dommage que les pots de fleurs placés sur le haut d'une terrasse, détonnent considérablement dans l'harmonie de ce tableau.

Nº 191. — *Lever de Lune sur l'Escaut*, de Timmermans (Louis). — Le fleuve au crépuscule. Des bateliers se dirigent, à grands coups d'avirons, vers des bateaux de pêche, ancrés à quelques brassées. Eau d'une exactitude de coloration parfaite. Mais pourquoi donc un moulin à vent, sur la gauche de ce tableau ? N'eût-il pas mieux valu laisser les bords brumeux du fleuve se perdre dans le crépuscule tombé ?

Nº 128. — *Dernier Amour*, de Loubat (Henry-Jean-Pierre). — Sortie d'église. Une aïeule aux vénérables cheveux d'argent et qui marche péniblement en donnant le bras à une enfant, une amour de fillette blonde. Décor d'intérieur très bien venu, les vitraux surtout sont savamment détachés des embrasures.
Tableau remarquable et méritant l'attention des amateurs.

Nº 32. — *Le Soir* (Parc de St-Cloud), de Biva, Henri. — Tableau assez intéressant.

Nº 43. — *Innocente*, de Brugairolles, Victor. — Tête de femme blonde, sans grâce aucune.

Nº 187. — *Ste Rose de Lima* (vision), de Thorel, Mlle Cécile Marie. — Peinture faible.

N° 7. — *Un marché en Kabylie*, d'Anthonissen, Louis Joseph. — Animation inaccoutumée. Il y a, dans ce tableau, beaucoup de qualités, de la couleur et de la vie.

N° 30. — *Portrait de M. L...*, de Biessy, Gabriel. — Intérieur de bureau ; saisissant de vérité et ressemblance frappante.

N° 134. — *Permission de Minuit*, de Monge, Jules. — Très frais de couleur. Expression heureuse du soldat qui déserte un instant, hélas, la caserne, pour aller retrouver la « payse » qui doit l'attendre le cœur gros...

N° 83. — *Au coin de l'âtre*, de Grondard, Philippe. — Intérieur rustique. Assise sur un escabeau, une vieille se chauffe en travaillant. Fine observation de l'unique pièce d'une chaumière.

N° 42. — *Chrysanthèmes* de Brugairolles, Victor. — Bouquet de fleurs, très bien groupées et d'un très bel effet.

N° 72. — *Paysage d'Anjou* de Duchemin, Daniel. — Tableau d'une clarté et d'une précision remarquables. Un paysan, au bord d'un étang où s'étendent des plantes grasses, rassemble, par tas, des herbes coupées.
Tableau intéressant.

N° 124. — *Femmes préparant la sardine à Audierne* (Finistère), de Le Gout-Gérard. — Détails de perspective bien observés. Très « couleur locale » cette œuvre.

N° 204. — *La liseuse* de Wostry Carlo. —

Jeune. femme d'une éclatante beauté. Un superl e peignoir rose recouvre ses charmes. Une légère échancrure laisse entrevoir la naissance de la gorge d'une blancheur immaculée et dont les tons délicats se perdent dans un poême de dentelles transparentes.

Quel est le roman, intéressant certes, qui a le don de captiver de si jolis yeux ? Sans doute une nouvelle sentimentale, de Paul Bourget ou peut-être une page névrosée de Marcel Prévost ou bien encore un poême doux et subtil ? Heureux auteur qui ignore peut-être que sa prose rythmée, captive et intéresse une si parfaite Beauté.

Riche tableau que nous admirons dans toutes ses formes.

Nº 81. — La *Veuve*, par Girardot, Louis-Auguste. — Scène mauresque, très intéressante.

Nº 181. L'*Etang de Trivaux* de Tauzin, Louis. — Tableau très bien venu.

Nº 115. — *Horizon* de Laurent-Desrousseaux, Henry. — Œuvre d'une grande importance.

Nº 2. — *Allée du Château* d'Allouard, Edmond. — Délicieuse allée dont les bords sont couverts de roses.

Nº 164. — *Matinée de Wagram* de Roussel, Georges-Frédérique. Reconstitution historique d'une des scènes qui marquèrent l'épopée napoléonienne. Lui... la grande Ombre, dans une chambre d'auberge, suit d'un œil attentif, le travail de ses généraux occupés à examiner sur la carte, le tracé des plans.

Merveilleux effet de lumière. Tableau véritablement imposant et d'une facture parfaite.

N° 20. — *Planteur de pommes de terre,* de Beauverie, Joseph Charles. — Un paysan plante des pommes de terre dans une terre fraîchement labourée. Tableau très saisissant.

N° 144. — *Marché de Cormeilles* (Normandie), de Piet, Fernand. — Trop de bleu, mais néanmoins témoignant d'un talent réel.

N° 39. — *Madeleine,* de Bréauté, Albert. — Tête de femme aux lèvres d'un rose vif. Cette œuvre a un cachet particulier d'une grande liberté artistique.

N° 27. — *Domingo* (mendiant de Tolède), de Bergès, Georges. — Imposante toile qui représente un mendiant, mangeant du pastèque. Attitude et pose recherchées. Bien rendue aussi la fausseté d'expression que respire cette basse classe espagnole qui, un couteau dans une main et un chapelet dans l'autre, se rencontre souvent dans les chemins déserts des campagnes.

Nous signalons l'importance de cette œuvre à l'attention des amateurs soucieux d'orner leur galerie d'un beau morceau de peinture.

N°s 51 et 52. — *Anémones et Orchidées,* de Mlle Carrière, Lisbeth. — Ces tableaux, uniques par leur forme et leur profonde justesse, permettent de présager à leur auteur une renommée grandissante. C'est ainsi qu'est la vraie manière d'étudier et de rendre la fleur. Le sentiment artistique contenu dans ces œuvres est grand.

Nº 130. — *Paysage avec figure*, de Mangin, Marcel. — Jeune fille appuyée contre un arbre. Ce tableau manque de perspective.

Nº 202. — *Vieux quai*, à Gand, de Willaert, Ferdinand. — Tableau qui gagne, comme *Vieux canal*, du même auteur, à être vu de loin. Eau lustrée et polie comme une glace. Tons recherchés. Joli effet de couleurs.

Nº 135. — *La place de Fère en Tardenois*, par Moreau-Nélaton, Etienne. — Bizarre tableau qui, au premier abord, produit une mauvaise impression par la vue des arbres qui ont l'air de tomber. Néanmoins nous en admirons le riche coloris.

Nº 177. — *Place St-Marc* (Venise), de Smith, Alfred. — M. Smith est un coloriste sans exagération. Tableau consciencieux, d'une belle envolée. Les tons de lumière sont d'une exactitude irréprochable, et l'effet d'ensemble est réellement charmant.

Nº 90. — *La fin de la journée*, de His, René-Charles. — Laboureur aux champs conduisant la charrue traînée par des bœufs. Un peu vieux jeu.

Nº 3. — *Le Lioran* (Cantal), par Mᵐᵉ Annaly. — Ruisselet aux eaux vives, qui courent dans un lit de rochers. Très bien observé, le ton des rochers.

Nº 169. — *Chauffe tes pieds, Bébé*, de Saubès Daniel, — Jeune mère, assise devant le feu, essuyant un bébé que l'on vient de baigner. Lumière pénétrante qui colore de

lueurs vraies, la chair rose du jeune enfant.
Cette œuvre est très étudiée et très artistique
dans sa forme.

N° 186. — *Contes d'autrefois*, de Té-
rouanne, Magdeleine (Mlle). — Il était une
fois jadis, semble dire une aïeule à une
jeune fille qui l'écoute avec recueillement.
Ce tableau ne nous paraît pas contenir la
note familière et douce qui aurait dû en être
l'âme.

N° 82. — *Jeune Marocain*, de Girardot
Louis-Auguste. — Très frais coloris.

N° 73. — *Divette*, de Dufour, Léon. —
Attitude et gestes provocants de la Divette
qui, sur la rampe, débite ses chansons
« rosses ». Physionomie tout à fait dans le
ton. Nous trouvons cependant beaucoup trop
de jaune et de vert dans ce tableau qui témoigne de sérieuses qualités.

N° 53. — *Etude de vieille*, par Castaing,
Henri Joseph. — Le talent incontestable du
maître se révèle une fois de plus dans ce
tableau. Vivante étude dont le dessin est de
grande pureté.

N° 104. — *Marine* (Bassin d'Arcachon),
par Langlade (Bernard de). — Exactitude et
observation parfaites.

N° 69. — *Gavarnie*. (Effet du soir), de
Didier-Pouget, William. — Glaciers de Gavarnie que les derniers rayons du soleil cou-
chant colorent d'un rose vif. Tableau très
bien venu, mais d'une froideur excessive.

N° 137. — *Le Gave à Assat*, près Pau, de

Nozal (Alexandre). — Œuvre très importante. Jolis tons nuancés du Gave. Très bien
venu aussi, dans le fond du tableau, le pic
du Midi couvert de neige, et dont la cime
aiguë se confond dans le ciel d'un bleu clair
que d'épais nuages couvrent insensiblement.
Ravissant paysage alentour des eaux.

Nous signalons à la commission munici-
pale cette œuvre qui nous intéresse particulièrement, puisqu'elle est la reproduction d'un
des points de vue les plus admirés de notre
Béarn ensoleillé, en même temps qu'une œuvre parfaite qui a sa place indiquée dans le
musée de Pau.

206. — *Pensées* de Zo, Achille. Très belles
pensées peintes avec un art exquis.

78. — *La Surprise* de Frappa, José. Un
moine rieur qui tient un diablotin à la main.
Dessin très pur. — Jolie coloration.

59. — *Le lièvre* de Mlle Coignet, Marie. —
Très jolie nature morte, et très étudiée.

129. — *Portrait de M. M...* de Mlle Mal-
let, Gabrielle. Une figure sympathique qui
revit sous le léger pinceau de l'artiste. Délicieux portrait, dont la facture personnelle est
l'âme. Nous en aimons beaucoup les couleurs
vraies et la liberté du dessin qui donnent à
l'étude, en même temps que la ressemblance
parfaite, un cachet réellement artistique.

Nº 118. — *Campement dans l'Oasis,* (Biskra), de Lazerges, Jean Hippolyte Paul. —
Montagnes de l'Atlas dans le lointain. Décor
pittoresque et intéressant. Bien étudiés les
tons des sables et des essences rares que

broutent des chameaux en liberté. Plusieurs palmiers décorent ce coin de désert où viennent se reposer des voyageurs. Très beau tableau.

N° 92. — *Vieux fumeur*, de Hodebert, Léon-Auguste. — Banal de dessin et de couleurs. Cependant nous remarquons dans ce tableau une expression réelle.

N° 161. — *Le Relais*, de Rotig, Georges-Frédéric. — Plusieurs chiens de chasse en arrêt. Bonne étude.

N° 131. — *Paysage* (les saules), de Mangin, Marcel. Fines anatomies des saules bien comprises.

N° 61. — *Portrait de ma fille*, de Léon Comerre.

Oh ! blonde et chaste enfant au regard si limpide,
Quelle clarté soudaine anime tes grands yeux,
Tes yeux profonds comme un étang silencieux,
Où se mire l'éclat de ton esprit candide ?

Que devais-tu penser quand le pinceau rapide
Sur la toile fixait l'or pur de tes cheveux,
Où l'on croit voir passer les rayons lumineux
Des astres qui, le soir, brillent dans la nuit vide ?

Près de toi l'on s'arrête et l'on rêve un moment
De ton charme subtil, et de ton cœur aimant,
De l'étrange douceur caressant tes prunelles,

Emu de constater qu'auprès de ta Beauté
On demeure surpris de ta naïveté
Qui soudain fait fleurir, pour toi, des villanelles...

N° 93. — *Les Martigues*, d'Iwill, Marie-Joseph. — Dessin bien enlevé, mais assez froid de couleurs.

Nº 113. — *La Cité de Carcassonne*, par de Latenay, Gaston de. — Remparts de la fameuse cité qu'immortalisa le génie de Nadaud. Nous trouvons ce tableau très « chromo » sans exécution aucune.

Nº 8. — *Charbonnage sous la neige*, d'Antin, Paul. — Des usines, dans le lointain, se dessinent au millieu de la brume crépusculaire. Au premier plan, on remarque un charbonnier portant un sac sur les épaules ; très bien assise, dans l'œuvre, cette figure. La neige recouvre le sol de sa blancheur. La perspective, cette loi si difficile et que l'on pourrait appeler, non sans quelque raison, le cauchemar des peintres, est d'une observation merveilleuse dans ce tableau. L'immensité de la plaine fuyante, où sont construits de nombreux bâtiments, classent cette œuvre au premier rang. Disons aussi que le coloris est parfait et que le dessin est très pur.

Nº 170. — *La Pomme d'Api*, de Saubès (Daniel). — Jeune femme blonde, tenant à la main une pomme, avec l'envie d'y mordre du bout des lèvres : tableau gracieux.

Nº 62. — *Entre la Coupe et les Lèvres*. — Coomans (Mlle Eva). — Jeune femme brune, dont le dessin a des défaillances nombreuses.

Nº 38. — *Coin du Parc de St-Cloud* (Automne), de Bonnencontre (Ernest). — Joli ton automnal que celui des arbres jaunis et dont les feuilles qui se détachent des branches, s'éparpillent sur les gazons. Au milieu d'une allée, une mélancolique femme en deuil mar-

che sous la pluie d'or des feuilles ; nous
trouvons que ce tableau a la note juste. Le
poëte qui s'éveille en nous s'écrie :

Avez-vous entendu la chanson monotone
Que dans les arbres dit parfois le vent berceur ?
— Cette chanson qui met de la tristesse au cœur
C'est la voix éperdue et douce de l'automne.

Nº 205. — *Un Incident*, (courses de taut
reaux) de Zo, Henri. — Très beau tableau.
Nous aimons surtout les formes finemen.
étudiées et observées des trois personnages
qui sont au premier plan.

Nº 86. — *Sollicitude*, de Guérin, Gabriel.
— Très jolie œuvre, mais vieux jeu. .

Nº 127. — *A Cancale*, (effet de soleil) de
le Sénéchal de Kerdréoret, Gaston-Edouard.
— Joli effet de soleil dans la matinée. Les
bateaux amarrés aux quais sont d'une réalité
frappante et d'un dessin très pur. La mer, a
des reflets moirés qui sont très bien, mais
nous la trouvons lourde. Cette particularité,
qui n'est pas une critique, existe dans le
nord. Nous admirons beaucoup cette marine
qui est la plus expressive du salon.

Nº 88. — *Chemin de Thouars*, (Gironde),
de Héron, Jean-Pierre. — Nous trouvons
que ce tableau n'a point la note juste.

Nº 119. — *Le Brocanteur de Campagne*,
de Lecomte, Victor. — Tableau minuscule,
d'une exactitude de couleurs admirable.
Vieux brocanteur travaillant à la lueur d'une
lampe qui éclaire la pièce très détaillée. Très
bien venu ce tableau, unique en son genre,
à l'Exposition.

Nº 70. — *Brume sur le cirque de Gavarnie,* de Didier-Pouget. — Ce tableau qui est la reproduction en petit de *Gavarnie* du même auteur, vu à un autre instant de la journée, a de très grandes qualités dans toutes ses formes. Nous le trouvons cependant trop sombre. La brutalité des tons enlève aussi le cachet poétique que respire ce coin char- mant des Pyrénées.

Nº 179. — *Venise : En gondole*, de Steck, Paul. — Ce serait un bon tableau si la scène représentée avait le caractère italien.

Nº 153. — *Carénage d'une chaloupe*, de Ravanne , Gustave. Pleine de vie, cette œuvre.

Nº 16. — *Un quai à Martigues* (Provence), de Barthalot, Marius. Très bien dessiné.

Nº 63. — *Perplexité,* de Mlle Coomans, Diana. — Jeune femme blonde, dont la mi- gnardise est agréable.

Nº 171. — Un *potier* (faïence de Bois), de Sauvage, Henri. — Tableau plein de sérieu- ses qualités.

Nº 97. — *Bouquet de Dalhias* de Jennin, Georges. — Un amalgame confus de cou- leurs.

50. — *Mère et enfant* de Carrière, Eugène. — Arrivons maintenant à l'œuvre capitale du Salon de Pau, contraste profond avec ses voisins moins puissants. Mère et enfant, tel est le sujet simple dont l'artiste a su faire une merveille de délicatesse psychologique

et aussi de physiologique vérité. Le tableau paraît sombre vu avec les yeux du corps, mais prodigieusement lumineux avec les yeux de l'âme. Une mère console d'un baiser la douleur de son enfant. Elle appuie ses lèvres au front du bien-aimé et prend ses mains dans les siennes, les attire comme pour faire passer en elle toute la douleur par on ne sait quel magnétisme sympathique. L'idée est d'un intuitif peut être mystique, doublé d'un observateur patient. La facture enfin atteint à la perfection d'anatomie des Michel-Ange et des Léonard de Vinci.

Nous ne sommes point autorisés à donner des conseils, formulons des vœux : puisse notre musée acquérir cette grande œuvre, puisse le Comité d'achat augmenter de ce trésor notre humble palais de l'Art.

N° 41. — *Le repos après le bain*, de Bridgman, Frédéric-Arthur. — Le seul nu du Salon sans délicatesse aucune.

N° 66. — *Pêcheurs de crabes*, de Darien, Henry. — Dessin dur et heurtant le regard.

N° 123. — *Près de la Croix à Concarneau*, de Legout-Gérard, Fernand-Marie-Eugène. Des femmes de pêcheurs sont groupées autour d'une croix posée sur un socle. Tableau plein de vie.

N° 196. — *Crépuscule*, par Vérité, Lucien. — Doucement accoudée sur la terrasse du balcon du Grand-Hôtel Gassion, une jeune femme contemple le panorama grandiose qui se déroule à ses yeux. Le crépuscule poudrederize de sa poussière violette, la nature entière. On devine par l'éclair figé dans les nuages du sud que le soleil vient de s'enfuir vers d'autres cieux... En un contour sinueux, les eaux du Gave, aux reflets argentés, se meurent dans le lointain de la plaine de Billère que la nuit enveloppe.

Cette œuvre immense est très consciencieuse ; nous y remarquons des recherches savantes et une perspective admirable.

N° 9. — *Le lavoir*, d'Arcos, Santiago. — Tableau très délicat de touches et de couleurs, surtout dans le paysage.

N° 166. — *Cour de ferme* de Sabatté, J.-G. Fernand. — Très brutale que cette œuvre, mais d'une imposante vérité.

N° 109. — *La Bourbince à Génélard* de Laronze, Jean. — Harmonie délicieuse dans ce paysage automnal.

N° 101. — *Aurore en Mai* de Lacoste, Charles. — Tons merveilleux et très riches ; mais que viennent faire ces brumes bleues sur les toits des maisons ! L'école symboliste a le don de voir ce qui n'est pas, et de faire le contraire quand une chose captive la vue.

N° 140. — *Coin de jardin*, par Edouard d'Otémar. — Une jeune et ravissante femme, appuyée sur une balustrade regarde des fleurs. Ce tableau manque de perspective.

N° 87. — *Journée d'hiver*, de Héron, Jean-Pierre. — Joli tableau.

N° 37. — *L'estuaire de la Seine* (près Honfleur), de Bonnencontre, Ernest. — Une mélancolique blonde marche dans les herbes criblées de fleurettes, et se dirige sur les bords de la Seine qui s'étend devant elle. Œuvre charmante de fraîcheur.

N° 12. — *Ramuntcho*, d'Avezac de Castéra Gaston. — Une des scènes principales de Ramuntcho, le roman de Pierre Loti. Ce tableau, bien venu comme expression tendre et naïve, manque d'originalité.

N° 4. — *Glacier de Fex* (Suisse), de Mme Annaly. — Très bien comprise l'âpreté sauvage et le grandiose que respirent les montagnes de la Suisse.

N° 200. — *Cyclamens*, de Mme Janny Villebesseyx. — Fleurs d'une élégance rare.

N° 55. — *Portrait de M*^{lle} *C...*, de Castaing (Henri-Joseph). — Expression douce que celle de ce portrait, dont la facture est toute personnelle.

N° 183. — *Les Fougères au Bois de Billère*, de Taverne (Henri). — Un peu embrouillardé ce coin de paysage. Nous remarquons, qu'il existe dans ce tableau, une recherche approfondie de tons.

N° 178. — *Pêcheurs de l'Adriatique*, de Smith (Alfred). — Très belle marine, d'une vie intense.

N° 6. — *Un Cimetière dans le Sahara*, d'Anthonissen (Louis-Joseph). — Cette œuvre d'un orientaliste, qui s'affirme de plus en plus, contient de sérieuses qualités. L'Ara-

be, au premier plan, a une pose très juste ;
le paysage aussi est très observé.

N° 94. — *Les Martigues*, d'Iwill (Marie-
Joseph). — Ravissante de couleurs cette vue
nouvelle des Martigues.

N° 209. — *Petites Anémones*, d'Ymart
(Marguerite Mlle). — Nuances jolies que
celles de ces fleurettes qui révèlent une artiste
sensitive et raffinée.

N° 116. — *La Pêche au Carrelet dans la
Nièvre* de Laurent-Derousseaux, Henry. —
Finesse dans le dessin et dans les couleurs.

N° 26. — *Dona-Maria* de Bergès, Georges
— Une superbe brune d'Andalousie dont le
port majestueux et imposant, révèle une
nature riche et volontaire. L'expression
contenue dans le visage hautain, accuse une
fierté qui frise le dédain. Nous admirons
beaucoup ce tableau qui possède la note personnelle que n'ont pas ceux qui traitent de
sujets analogues.

N° 193. — *Une idylle* de Trévor, Mabel.
Beaucoup de finesse dans l'exécution.

N° 110. — *La Mare de Vieux-Ville*, de
Laronze (Jean). — Poésie harmonieuse dans
le décor.

N° 150. — *Les Salines*, de Prévot-Valeri
(Auguste). — Points de vue pittoresques et
intéressants.

N° 189. — *Panier de Roses et Coréopsis*,
de Thurner (Gabriel). — Superbes roses,

aux corolles veloutées. Facture tout à fait artistique.

Nº 105. — *Marine* (Bassin d'Arcachon), par Langlade (Bernard de). — Beaucoup d'observation et beaucoup de finesse dans l'exécution ; très heureux effet de lumière.

Nº 100. — *Pyrénées* (La matinée claire), de Lacoste (Charles). — Gâchis de couleurs.

Nº 46. — *Portrait de M. L. G...*, de Cadilhon-Venat (Isabelle Mᵐᵉ). — Enfant aux boucles blondes qui tombent sur les épaules. Portrait très caractéristique.

Nº 54. — *Portrait de M. X...*, par Castaing (Henri-Joseph). — Bien venu.

Nº 102. — *Biarritz*, de Lagarde (Madeleine Mˡˡᵉ). — Touches délicates qui dénotent une âme d'artiste.

Nº 174. — *Revenu sur un chou*, de Simon, Jean. — Dessin très pur.

Nº 47. — *Fleurs*, de Calmant, Eugène. — Il est rare d'atteindre une si délicate perfection de tons et de couleurs qui sont l'âme des *fleurs* de cet artiste nouvellement établi en notre ville. Le souvenir de ses brillants succès obtenus dans les diverses expositions parisiennes est le meilleur hommage que nous puissions évoquer de nouveau en faveur de notre hôte sympathique. Rarement, nous a été donné le plaisir de voir une aquarelle aussi puissante et aussi jolie.

Nº 159. — *Canal Ognisanti* (Venise) et

n° 160, l'*Epicier de Villefranche*, de Roths-
child (baronne Nathaniel de). — Très grande
liberté dans l'ensemble. Ces aquarelles, dignes
du talent incontestable de l'artiste, ont été
offertes par l'auteur au Musée de Pau. Nous
nous réjouissons de voir entrer au Musée des
œuvres que le public palois pourra apprécier
à leur juste valeur.

N° 112. — *Entrée de la Côte du Moulin à
Pau*, de Lartigue, Lorenzo-Francisco. —
Nous trouvons cette aquarelle trop « chro-
mo. »

N° 84. — *Cirque de Troumouse, Vue de
Héas* (Hautes-Pyrénées), de Gros, Lucien.
— Jolis tons nacrés du Gave qui serpente
dans un lit de pierres. Nous aimons, dans
ce tableau, la franchise des tons. Les glaciers
qui apparaissent dans le lointain, par endroits
recouverts d'une épaisse couche de neige,
sont d'un effet imposant. Très belle œuvre.

N° 198. — *Montigny-sur-Loing*, de Mlle de
Villars, Simone. — Bon dessin et bonne perspective.

N° 71. — *Les bords du Scorff* (Morbihan),
de Duchemin (Daniel. — Etude très expressive.

N° 125. — *Les Foins* et n° 126. — *La Herse*,
de Le Roux, Constantin. — Puissantes études champêtres.

N° 46. — *Les Cerises*, de Capdevielle,
Louis. — Tableau d'une simplicité étonnante.
La jeune enfant qui tient un panier rempli de
cerises respire une naïveté qui sied à l'œuvre
elle-même. Très bon effet de lumière.

Nº 96. — *Le Moulin* (souvenir de l'Argonne), de Jamin, Paul-Joseph. — Bien venu.

Nº 33. — *Roses Trémières*, de Biva Paul. — Œuvre dont les nuances fines sont artistement groupées.

Nº 114. — *Pêcheurs de Bars* (Bretagne), de Latenay Gaston. — C'est la première fois que nous voyons une « mer » écaillée comme la peau d'un serpent.

Nº 98. — *Pommes*, de Jeannin Georges. — Très belle nature morte.

Nº 1. — *A la Hume* (Gironde), par Alaux Guillaume. — Paysage joli.

Nº 77. — *Page d'amour*, de Frappa José. — Un véritable poème que cette œuvre charmante.

Nº 15. — *Le soir sur les Falaises de Carolles* (Manche). Les falaises sont noyées dans la brume enveloppante du soir qui tombe. La mer puissante déferle sur les roches. Superbe étude.

Nº 56. — *Les caresses de l'Océan* de Chabaniau Arsène. — Tableau d'une richesse inouïe de couleurs.

Nº 190. — *Bassins à Dieppe*, de Timmermans Louis. — Crépuscule naissant. L'horizon ensanglanté se réflète sur les eaux du bassin. Très détaillé le bassin où de nombreux navires sont amarrés. Nous admirons beaucoup cette œuvre très consciencieuse, mais nous la trouvons un peu banale.

Nº 207. — *Anémones des fossés*, de Zo, Achille. — Mélancoliques fleurettes, délicatement peintes.

Nº 139. — *Raisins* par Edouard d'Olémar. — Nature morte, merveilleuse de vérité.

Nº 180. — *Venise : Maisons sur le Grand Canal*, de Steck Paul. — La curieuse et unique Venise, revivant sous le pinceau d'un grand artiste. Ce tableau gagne à être vu de loin.

Nº 117. — *Dromadaires rentrant en ville, Biskra*. — Une route algérienne. Beau ciel dont le bleu intense contraste avec les alentours jaunes. Bien campés les Arabes qui passent sur la route poudreuse et ensoleillée.

Nº 152. — *La gelée blanche en Bretagne* de Quinton, Clément. — Très vrai ce tableau.

Nº 142. — *Bateau-Lavoir* de Pétillon. — Joli comme décor original.

Nº 106. — *Portrait de M*^{me} *M...*, de Lannes, Théodore. — Le jeune artiste semble vouloir prouver par cette œuvre, qu'il sait manier avec autant de talent le marteau et le pinceau. Vivante étude, dont l'expression caractéristique révèle un grand artiste. Jeune femme brune, aux grands yeux vifs et captivants, telle est l'œuvre savante de M. Lannes.

Nº 146. — *Un torrent*, de Podolecki, Thaddée. — C'est avec un réel plaisir que nous avons vu le tableau de ce peintre qui était l'élève préféré du grand Devéria.

ART DÉCORATIF

L'Art décoratif, exposé pour la première fois cette année dans les salons du Musée de notre ville, a été une innovation pleinement réussie. La nouveauté à laquelle nous conviaient les « organisateurs » est un véritable triomphe pour ces derniers et pour la *Société des Amis des Arts*. Ainsi que nous l'avons fait pour la peinture, nous analyserons, en quelques articles, les œuvres exposées.

N° 268. — *Octobre* sur un Thème d'Armand Silvestre, par Brisset, Ernest.
Très fin, beaucoup de recherches.

N° 415. — *Maquette de céramique* de Moluçon, Alphonse.
Neige qui tombe d'un très joli effet. L'ouvrage nous semble, cependant, trop uniforme.

N° 276. — *Etude pour écoinçons du Palais d'Hiver* par Castaings, Henri-Joseph.
Poésie littéraire écrivant devant le rêve qui passe. Esquisse très fine de couleurs.

N° 360. — *La Pavane de Girardet* (éventail peint sur satin(par Germain Labrouche.
— Beaucoup de mignardise dans cet éventail. Les touches sont délicates, l'art en est exquis. Nous aimons aussi le paysan breton qui joue du mélancolique « biniou ».
Très jolie œuvre.

N° 373. — *Planche d'orchidées*, de Lagarde, Mlle Aymée. — Rarement nous avons vu des fleurs aussi délicatement peintes et avec une telle richesse de coloris. Le n° 372 du même auteur, *Planche de roses, paravent*, témoigne d'un réel talent dans la décoration somptueuse et l'ensemble des fleurs.

N° 374. — *Les Libellules* (Eventail), de Lami, Mme Marie-Guillaume. — D'une gracieuse coloration et d'une richesse inouïe de couleurs.

N° 423. — *Eventail sur peau ; sujet et médaillon style Louis XVI*, de Rabeau, Mlle Amélie. — Cet ouvrage contient de sérieuses qualités.

N° 335. — *La Chasse*, panneau décoratif, de Gaston-Gérard. — Très hardi.

N° 375. — *Les papillons* (Eventail), de Lami (Mme Marie Guillaume). — Œuvre d'une délicatesse exquise.

N° 431. — *Broderies*, de Ritchie, Mlle Alice. — D'un heureux effet.

N° 328. — *Moine lisant* (panneau céramique), de Frappa, José. — Ouvrage original, manquant de construction.

N° 452. — *Fontaine lavabo* (grès et étain), de Carabin, François-Rupert. — Bonne idée.

N° 352. — *La femme aux fleurs*, de Jorrand, Antoine Martial. — Grand panneau. Forme svelte et élégante de la femme qui se penche sur des fleurettes criblant le gazon. Bien venu le corps qui apparaît sous le tulle léger. Œuvre très harmonieuse.

N° 281. — *Portrait décoratif*, de Cesbron,

Achille. — Très belle décoration. Les roses qui entourent le médaillon sont d'un dessin intéressant et sortant de l'ordinaire.

N° 282. – *Le Colombier*, du même auteur. — Nous préférons le *Portrait décoratif*.

N° 280. — *Un panneau décoratif, en cuir repoussé* (Femme jouant), de Cauvy, Léon. — Une jeune femme joue avec un papillon qu'elle tient emprisonné dans ses mains. Beaucoup de grâce et de délicatesse dans l'ensemble.

N° 279. — *Un paravent avec panneau,* du même auteur. — Très bien venu.

N° 269. — *Les pavots* (buvard). Cuir gravé et peint, de Brisset, Ernest. — Riche de couleur et d'un dessin merveilleux. Œuvre complète.

N° 450. — *Bas relief*; bois d'acajou, de Tarrit, Jean. — Bois très bien travaillé ; très heureuse expression archaïque.

N° 277. — *Amour tirant de l'Arc*, panneau, de Castaings Laurent. — Grandes qualités d'exécution et d'un très joli sentiment décoratif.

N° 435. — *La mort de l'Hydre*, plat décoratif en bois brûlé et teint de Scheidecker Frank.
D'une étonnante hardiesse et d'une verve profonde.

N° 376. — *Le Philosophe et la vie* de Théo Lannes. — La plus belle œuvre, la plus grandiose, la plus importante du Salon. *Le Philo·*

sophe et la Vie, telle est l'allégorie puissante que nous fait admirer un artiste de grande valeur, M. Théo Lannes. La haute conception philosophique de l'ouvrage, apparaît à première vue. L'idée géniale, merveilleusement venue dans ce bas-relief, reproduite avec une conscience et une précision admirables, fait sortir de l'ordinaire la recherche vers la vérité, sans élan aucun, à laquelle nous ont habitué plusieurs de nos artistes. L'œuvre est jeune, par conséquent courageuse et hardie.

Au premier plan, le philosophe encourage la vie — une adolescente encore — et après l'avoir détournée du vice, guide ses premiers pas sur la vraie route à suivre. La marche est hésitante, le Vice qui grimace derrière elle, possède le fluide de l'aimant..... Mais qu'importe, la logique finit par prendre, tout entière, cette âme de vierge. A gauche, tout ce que la luxure peut contenir se trouve personnifié. Nous reconnaissons, l'ivrognerie, l'avarice, l'envie, etc.. Derrière le premier plan, une ravissante jeune fille contemple, d'un regard anxieux, la boue où se débattent les personnages malsains.., L'envolée de l'œuvre est admirable. Elle est d'un grand artiste, d'un grand observateur.

Nº 340. — *St-Georges*, médaillon marbre de Hannaux Emmanuel. — D'une exécution irréprochable. Très beau dessin.

Nº 270 à 275 de Carrier-Belleuse, Louis. — Nous aimons le travail délicat de cet artiste particulièrement le nº 272: Vase : Printemps (grès).

Nº 361 à 371. — De Lachenal Edmond.

— Parmi la série intéressante des œuvres qui défilent devant nos yeux nous remarquons le n° 365 *La Rosée* (Vert Pompéï) et le n° 363 *Coquille* (Blondat).

N° 336 à 339. — de Gérard-Dufraissex. — Le vase étrusque fond gris, est joli de forme et de couleur; les trois autres vases du même auteur, méritent aussi d'attirer l'attention.

N°s 406-407 — de Madrassi Lucas. — Un peu « commerce » contenant cependant beaucoup d'art.

N°s 319 320 — de Faivre Ferdinand. — Très bien l'*Evanouissement de Psyché* et l'*Alsace Enchaînée* (faïence).

Nous signalerons comme faïences originales, les œuvres de Delaherche, Auguste.

N° 283 à 297. — De Charpentier, Alexandre. Dans les diverses œuvres qu'expose aujourd'hui le grand artiste parisien, nous avons constaté de très grandes qualités et de nombreuses défaillances. *La Maternité* et la plaquette *Pierre et Jean* sont assurément de véritables chefs-d'œuvres. Nous avons longtemps admiré, les *Quatre serrures*, bronze doré et le *Silence* presse papier. Bien venus sont aussi la *Femme au Lotus* et *Jeune fille au collier* dont la pose est admirable.

N° 412. — *Théière en étain*, de Marque, Albert. — Un véritable bijoux.

N° 391 à 395. — de Levasseur, Louis-Henri. — La Potiche, *Les cerises*, étain, est très gracieuse. Le grand plat, *Vainqueur au Tournoi* est d'un dessin très pur.

Nᵒˢ 402 403. — De Loiseau-Rousseau, Paul. — Le *Vide-poches* (la Perle) étain. Très bien de formes et très belles lignes.

Nᵒˢ 397 à 401. — De Loiseau-Bailly, Georges. — Nous remarquons, dans cette série, *Automne* et *Romaine*.

Nᵒ 452. — de Carabin, François Rupert. Très originale la série de six petites danseuses (serpentine).

Nᵒ 434. — *Béguine*(buste), par de St-Marceau, René. -- Forme élégante.

Nᵒˢ 416 à 419. — de Moreau-Vauthier Paul. Captivante série.

Nᵒ 414. — Vases grès et bronze, de Moluçon, Alphonse. -- Dessin très artistique.

Nᵒˢ 354-355. — *Buveuse d'Oubli* (vase bronze) et *Orchidée* (buste bronze). — Très belle la *Buveuse d'Oubli* qui cherche l'anéantissement de souvenirs roses évanouis comme un rêve, et *Orchidée* (buste-bronze).

Nᵒˢ 358-359. — de Jullien, Maurice. — Assez banal et « réchauffé ».

Nᵒ 378. -- *La vigne* (Paravent bois et verre), de Laumonerie, Théophile-Hyppolyte.
Œuvre savante. Dessin consciencieux et sans ficelles d'un grand artiste.

Nᵒˢ 379 à 388. — de Lelièvre, Eugène. Très bonne exécution.

Nᵒˢ 389-390. — de Lemaire, Edmond-Louis Ernest.
Nous aimons beaucoup l'*Oraison à Mon-*

seigneur *St-Denis* (Enluminûre). Beaucoup de talent et de verve artistique sont contenus dans l'*Eventail XVe siècle*. Ces deux œuvres sont d'un profond artiste.

N°s 330 à 332. — Gabard, Ernest-Jean-Pierre.

Un homme endormi, de notre compatriote, contient de sérieuses qualités. L'anatomie en est parfaite ; l'œuvre accuse un joli senti-ment. *Le buste de Caulwine* qui est une ébauche, est très ressemblant. *Médaillon*, est d'un arrangement original et nouveau.

N° 298. — *Médaillon* (plâtre) de Cros, Henri.

Ce médaillon qui est l'œuvre d'un tout jeune, révèle des qualités d'anatomie qui nous font espérer un artiste supérieur.

N°s 299 et 300. — De Cros Louis.

Orpheline. Malgré la banalité de l'ouvrage, nous trouvons que l'expression en est vraie et contient la note juste. Cependant, nous trouvons bizarre la pose des pieds. Le carac-tère mélancolique que respire cette œuvre, dans son ensemble, est très doux.

Observateur, bonne étude de marque.

N° 422. — D'Obiols, Gustave.

Buste *Sapho*. Terre cuite. Très habile, mais peu intéressant.

N° 377. — *Portrait de M. H. G...* de Théo Lannes.

Ravissant buste en plâtre. Qualités mer-veilleuses d'anatomie et de solidité. Masque très familier d'un caractère finement repro-

duit. La construction, qui est très détaillée,
est étudiée très scientifiquement.

N° 401. — *Petit buste marbre,* de Loiseau
Bailly, Georges. — Joli comme expression.

N° 350-351. — *Jeanne d'Arc* et *Idylle* de
Joindry François-Joseph. — Dessin très fin.

N° 263. — *La Nuit* (buste marbre), d'André. — Jolie étude d'une douceur charmante
et d'une poésie admirable. D'un très bel effet,
le croissant piqué dans les cheveux de la
nuit personnifiée.

N° 436 — *Maternité,* groupe terre cuite, de
Schnegg Gaston. — Très beau groupe.

N°ˢ 448-449. — Sieffert Louis-Eugène. —
Deux vases qui sont de véritables bijoux.

N° 266. — *Danseuse* (bronze) de Bastet
Victorien-Antonin. — Beaucoup de grâce et
de légèreté.

N° 301. — *La Musique* (bronze d'Art) de
Debut Marcel. — Très belles lignes.

N° 421. — *Captive* (Haut-relief métal doux),
d'Obiols Gustave. — Etude ravissante et
d'un charme grandissant.

N° 278. — *Portrait de Mme X.* — Médaillon de Castaing, Laurent.
Construction recherchée ; œuvre très expressive.

ÉMAUX

N⁰ˢ 316-317. — *Deux plaques en porcelaine,* de Drouet — Travaux très artistiques.

N⁰ˢ 333-334. — De Garnier, Alfred. — Nous admirons comme dessin la *Mélodie du Soir*.

N⁰ˢ 427 à 429. — De Rehm, Mme Victorine. — Nous n'aimons point, dans cette série, *Vittoria Colonna*, œuvre d'une brutalité excessive, et dont les couleurs heurtent la vue. *Fleur d'Avril* est d'un dessin délicat.

N⁰ 404. — *Un panneau* contenant trois émaux. — De Louvet, Mme Marie-Marguerite. — Beau mouvement.

N⁰ 420. — *Les Saisons*, émaux décoratifs. — de Noury-Roger, Mlle Eugénie. — Pas assez d'originalité.

N⁰ 267. — *Le Sommeil de l'Enfant-Jésus* (grisaille sur porcelaine), de Boyer, Mme Louise-Emma. — Beaucoup d'ensemble.

MINIATURES

N⁰ 239. — Une vitrine contenant deux miniatures, par Odérien, Mlle Antonine. *Etude d'enfant*, très expressive, *Avril* : femme blonde dont l'épaule nue apparaît dans un flot de dentelles. Dessin élégant et raffiné.

N⁰ 236. — *Fête du faune* (miniature), de Mme Méryem. — Sans grâce aucune.

N° 216. — Vitrine contenant deux miniatures de Claude, Mlle Lucienne.
Seul, le *Portrait* nous plaît.

N° 227. — Vitrine contenant sept miniatures sur ivoire par Hervé, Mme Isabelle.
Très bien *Andromède* appuyée sur un rocher.
Défaillances nombreuses dans le dessin de *Diane au bain* et dans la *Toilette de Vénus* où nous constatons des qualités. Bien mieux *Rêverie.*

N° 259. — *Une miniature,* Etude de Tirman, Mlle Henriette. — Excellente étude.

N° 238. — *Vitrine contenant deux miniatures,* de Obalska, Mme Marie. — D'une exécution parfaite.

N° 257. — *Vitrine contenant six miniatures* de Seguin Mlle Antoinette. — Nous trouvons toutes ces miniatures très empâtées ; cependant nous remarquons *Carmen* et *Tête de Femme.*

N° 218. — Vitrine contenant quatre miniatures de Curot-Barberel Mme Mathilde. — Merveilleuse et captivante *Etude (Jeune fille au corsage noir)* yeux profonds et limpides.

N° 255. — *Cadre contenant trois miniatures* de Rideau-Paulet Mlle Marie. — Superbes études.

N° 253. — *Vitrine contenant quatre miniatures* de Rhem Victorine. — Dans cette importante série, nous admirons surtout *Profil de Femme.*

Nᵒˢ 246-247. — *Vitrine contenant deux miniatures* de Petitpas Mlle Eugénie. — Mauvais dessin.

Nᵒ 251. — *Un cadre contenant trois miniatures* de Puisoye, Mlle Marie-Louise. — Œuvres insignifiantes.

Nᵒ 225. — *Cadre contenant quatre miniatures* de Girardier, Mlle Jeanne. — D'un sentiment très artistique et très pur. Nous admirons beaucoup, dans sa toilette suggestive, le *Portrait* de Mme Récamier.

Nᵒ 219. — Vitrine contenant trois miniatures, de Debillemont-Chardou, Mme Gabrielle. — *Manuela*, vivante et imposante étude. *Trois têtes d'enfants*, d'une heureuse envolée. *Cléopâtre* :

Tout pensif, devant toi, je me suis arrêté,
Oubliant, un instant, ma noire nostalgie
De la vie inquiétante où sombre l'énergie,
Triste comme un poète après avoir chanté.

Et mon regard éteint ensuite s'est porté
Sur le pli caressant de ta lèvre rougie
Par les baisers, reçus dans la dernière orgie,
Où se pâma ton corps brûlant de volupté.

Dans un rêve insensé, j'ai revécu tes charmes,
Que des rois éperdus ont baigné de leurs larmes,
Que des esclaves vils ont teint de sang vermeil !

En songe, revivant les scènes mirifiques
Qui suivaient tes élans, spontanés et féériques,
Quand sur le Nil moiré se mirait le soleil

Nᵒ 203. — Vitrine contenant six miniatures sur ivoire, — De Boyer, Mᵐᵉ Louise-Emma.
Dans cette vitrine nous n'admirons que *Echo du Japon*.

N° 242. — Vitrine contenant trois miniatures. — De Parguez, Mlle Alice.

Merveilleux de beauté le *Roi de Rome*. Superbes yeux bleus contrastant étrangement avec le blond soigné des longs cheveux retombant sur les épaules. Très expressifs aussi les *deux portraits*.

N° 223. — Vitrine contenant six miniatures. — De Garnier, Mme Marie.
Beaucoup de délicatesse.

N° 241. — Vitrine contenant quatre miniatures. — De Parguez, Mlle Marguerite.
Travail artistique très soigné.

N° 230. — Cadre contenant deux miniatures, par Le Sueur, Mlle Gabrielle.
Mauvais dessin.

N° 254. — Vitrine contenant trois miniatures, par Renard, Mlle Blanche-Albertine.
Etonnant de couleur et de pureté le *Portrait de M. le colonel Le Gay*. Nous admirons aussi, plus particulièrement, l'émail de Limoges : *Triomphe d'Amphitrite*.

N° 434. — *La source d'Ingres* par Mauroy, Mlle Gabrielle.
Dans cette œuvre très belle, nous remarquons combien les lignes sont pures. Le vers du poëte des *Châtiments* revient en notre esprit :

Chair de la femme, argile idéale, ô merveille.

Cette miniature est d'un effet surprenant.

N° 224. — Vitrine contenant cinq miniatures de Gibier, Mlle Lucie.

Ces miniatures nous paraissent faibles. Nous constatons, dans *Mater Dolorosa*, bien qu'elle soit très « chromo », un certain effort artistique.

N° 210. — Vitrine contenant quatre miniatures de Baily, Mme Caroline.
Tons très délicats. Une merveille l'*Etude de Dos* dont les cheveux ont des reflets magiques. La *Tête de jeune fille*, contient une réelle grâce et un cachet très doux.

N° 329. — *La sultane favorite*, par Landerset (Ernest de) Scène orientale très riche.

N° 237. — Vitrine contenant cinq miniatures de Mlle Renée de Mirmont. — Série intéressante.

N° 258. — Cadre contenant six miniatures de Mme Noëmi Schmitt. Nous aimons le *Printemps* et la *Brodeuse*.

N° 240. — Vitrine contenant trois miniatures de Mlle Alice Paquelier. — Le Portrait de *Jeune Femme Brune* est bien construit.

N° 226. — Vitrine contenant sept miniatures, de Mlle Marie Guérin. — Importante et imposante série.

N°. 226. — Vitrine contenant six miniatures, de Guérin, Marie, Mlle. — Finesse, consciencieuse et artistique. Nous admirons beaucoup, dans cette série, *Rêverie, Vierge* et le *portrait de Mme C.*

N° 245. — Vitrine contenant cinq miniatures de Pelletier-Dupont, Mme Julie. —

Beaucoup de mignardise dans les deux *Broches*. — Facture intéressante dans les trois autres *études* de tête.

N° 243. — Vitrine contenant trois miniatures, sur ivoire de Pellissier, Mlle Mathilde. — Peinture disgracieuse et sans goût aucun.

N° 231. — Vitrine contenant trois miniatures de Louppe, Mlle Blanche. — Ravissantes comme expression et couleurs.

N° 222. — Cadre contenant trois miniatures de Ferey, Mme Louise Renée. — Dessin faible.

N° 212. — Vitrine contenant quatre miniatures de Bernier, Mme Marie. — Peu de qualités et beaucoup de défauts.

N° 250. — Cadre contenant trois miniatures de Puisoye, Mlle Marie Louise.
Les plus belles miniatures du salon. Ressemblance frappante.

N° 228. — Cadre contenant quatre miniatures de James-Grivaz, Mlle Marie-Antoinette.
Nous n'aimons pas beaucoup ces miniatures qui nous paraissent faibles à tous les points de vue. — Cependant nous faisons exception pour le *Portrait de Mlle M. S.* qui est splendide.

N° 235. — Vitrine contenant quatre miniatures de Mercié, Mme Jeanne. — Trés délicates et très riches.

N° 244. — Vitrine contenant cinq miniatures de Pelletier, Mlle Juliette. — Dessin défectueux.

Nº 211. — *Dans les Roseaux* de Berna-
mont, Mlle Clarisse. — Délicieux nu.

Nº 260. — Vitrine contenant trois miniatures de Tollay, Mlle Marguerite. — Jolis
traits dans le *Portrait d'Enfant*.

Nº 262. — Vitrine contenant deux miniatures de Wohrnitz, Mme Marguerite. —
Sans délicatesse.

Nº 249. — Vitrine contenant trois miniatures de Pollard, Mlle Alice. — Recherche
soignée et très artistique dans *le portrait de
M. V.* et le *portrait d'Enfant*.

Nº 327. — *Portrait de femme* de Foa, Ar-
thur.
Beau dessin, d'un cachet réellement artistique.

Nº 214. — Vitrine contenant trois miniatures de Chauchefoin, Mlle Marie-Louise.
— Joli à l'œil, mais si l'on veut détailler ces
minatures on s'aperçoit qu'il n'y a pas assez de
recherche dans la couleur et dans le dessin.

Nº 215, du même auteur, *Portrait*. — œuvre très délicate.

Nº 217. — Vitrine contenant deux miniatures de Cousin, Mlle Adrienne. Très beau
portrait de *Mme Elisabeth* (ivoire) — et recherche consciencieuse, dans celui de *Diane
de Poitiers*.

La culture artistique a offert cette année à
l'opinion et aux admirateurs du Beau, un
vaste champ à contempler et à étudier. Mais,

pareils aux anfractuosités qui existent sur la
glèbe vigoureuse, bien des heurts, des dou-
tes, des complications redoutées, sont venus
amoindrir les efforts et les combinaisons
merveilleuses des infatigables travailleurs.
L'âme de l'ensemble est élevée; elle s'en-
fuit de l'humanité primesautière, et s'éloigne
de tout contact impur. La poussée triomphale
qui monte, voue au mépris tout ce qui
n'est pas sain, met dans l'âme sentimentale
une joie profonde.

Ah ! l'artiste, le simple, celui que l'orgueil
ne sait point trouver, ne peut pas éblouir, lui
seul est digne d'intérêt, vers lui seul, dis-je,
doivent s'envoler toutes nos espérances....
Qu'il est lointain, le temps, où le positivisme,
enfant naturel de la corruption sociale,
voulait s'ancrer en nous-mêmes et mettre en
notre âme un scepticisme outré, un dégoût
absolu du sublime. L'art captive, charme,
étreint.

L'art est pour le rêveur enthousiasmé, ce
que l'obole est pour le malheureux. C'est le
pain de vie qui réconforte l'esprit.

Nous avons tous besoin, pour accepter sans
faiblesses cette vie morose, de laisser glisser
le « surnaturel » dans le temple secret de
nos cœurs, ivres d'Infini.

Que sont-ils donc, comparés à un artiste
puissant, ces faiseurs qui se promènent et se
ruinent dans l'existence névrosée qu'ils se
sont faite ? Que sont-ils donc, ces ombres
effacées, ces visages fleurant le vice et la
négation de tout sentiment ? Oh ! d'évoquer
seulement ces spectres errants, une tristesse
soudaine emplit mon âme. Ah ! romantisme

que connurent nos aïeux qu'es-tu devenu,
toi aussi, dans le passé où se sont enfouis ta
douceur et ton symbole ?

L'art seul peut enrayer l'ennui maussade
qui ronge l'humanité, puisque l'art est
l'éthymologie et la personnification de la
Beauté.

Oui, soyez assidus à l'œuvre, peintres,
littérateurs, poètes, l'univers vous appartient
et vos écrits, répandus dans le monde entier,
doivent y semer la vérité, la justice et l'idéal.
Travaillez sans relâche en dépit des misères
et des haines que vos œuvres sont appelées à
faire naître chez les ingrats que tout esprit
juste ne manque point de rencontrer sur sa
route.

Et seul, la conscience tranquille, heureux
d'avoir fait le bien sans le vouloir, heureux
d'être aimé sans le chercher, attendez alors
que la Fortune vienne s'ajouter à vos efforts.
Et, toujours, animé de la même fièvre, du
même courage, saluez l'avenir lointain qui
s'élèvera devant vos yeux, comme un rayon,
précurseur de la gloire....

FIN.

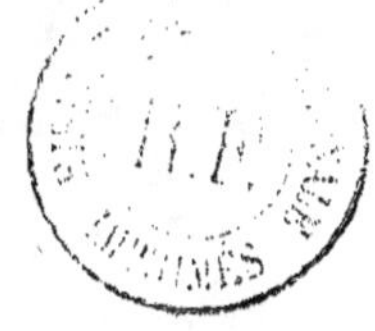